Impressum
Verlag: BABADADA GmbH, Nedderfeld 112 , 22529 Hamburg
Geschäftsführer / Verlagsleitung: Harald Hof
Druck: Books on Demand GmbH, In de Tarpen 42, 22848 Norderstedt

Imprint
Publisher: BABADADA GmbH, Nedderfeld 112 , 22529 Hamburg, Germany
Managing Director / Publishing direction: Harald Hof
Print: Books on Demand GmbH, In de Tarpen 42, 22848 Norderstedt

სკოლა
school

გაყოფა
divide

186/2

დაფა
board

საკლასო ოთახი
classroom

სკოლის ეზო
school yard

მასწავლებელი
teacher

ქაღალდი
paper

კალამი
pen

მაგიდა
desk

წერა
write

სახაზავი
ruler

წიგნი
book

მოსწავლე
pupil

ზურგჩანთა
satchel

პენალი
pencil case

ფანქარი
pencil

ფანქრების სათლელი
pencil sharpener

საშლელი
rubber

ნახატების ალბომი
drawing pad

ნახატი

drawing

ფუნჯი

paintbrush

საღებავის ყუთი

paint box

მაკრატელი

scissors

წებო

glue

სავარჯიშო რვეული

exercise book

საშინაო დავალება

homework

12

ნომერი

number

2+2

დამატება

add

5-2

გამოკლება

subtract

2×2

გამრავლება

multiply

გამოთვლა

calculate

A

წერილი

letter

ABCDEFG HIJKLMN OPQRSTU VWXYZ

ანბანი

alphabet

hello

სიტყვა

word

ტექსტი

text

წაკითხვა

read

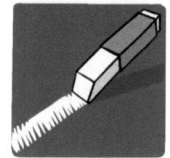

ცარცი

chalk

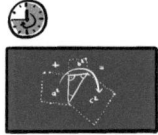

გაკვეთილი

lesson

რეგისტრაცია

register

გამოცდა

exam

სერტიფიკატი

certificate

სკოლის ფორმა

school uniform

განათლება

education

ენციკლოპედია

encyclopedia

უნივერსიტეტი

university

მიკროსკოპი

microscope

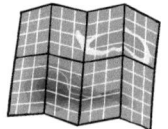

რუქა

map

კალათა ნარჩენი ქაღალდებისათვის

waste-paper basket

სასტუმრო
hotel
Grand
ჰოსტელი
hostel
ROOMS
ვალუტის გადაცვლის პუნქტი
bureau de change
CHANGE
ჩემოდანი
suitcase
მანქანა
car

ენა

language

კი / არა

yes / no

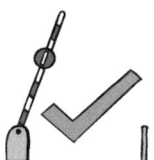

კარგი

Okay

გამარჯობა

hello

მთარგმნელი

translator

გმადლობთ

Thank you

რა ღირს... ?

how much is...?

ვერ გავიგე

I do not understand

პრობლემა

problem

აღამო მშვიდობისა!

Good evening!

დილა მშვიდობისა!

Good morning!

ღამე მშვიდობისა!

Good night!

ნახვამდის

bye bye

მიმართულება

direction

ბარგი

luggage

ჩანთა

bag

ზურგჩანთა

backpack

სტუმარი

guest

ოთახი

room

საძილე ტომარა

sleeping bag

კარავი

tent

ურისტული ინფორმაცია

tourist information

სანაპირო

beach

საკრედიტო ბარათი

credit card

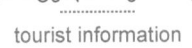

საუზმე

breakfast

ლანჩი

lunch

ვახშამი

dinner

ბილეთი

ticket

ლიფტი

lift

საფოსტო მარკა

stamp

საზღვარი

border

საბაჟო

customs

საელჩო

embassy

ვიზა

visa

პასპორტი

passport

ტრანსპორტი

transport

გემი
ship
თვითმფრინავი
aeroplane
სახანძრო მანქანა
fire engine
ავტობუსი
bus
სატვირთო მანქანა
truck
მოტორიზებული ნავი
motorboat
ველოსიპედი
bike
მანქანა
car

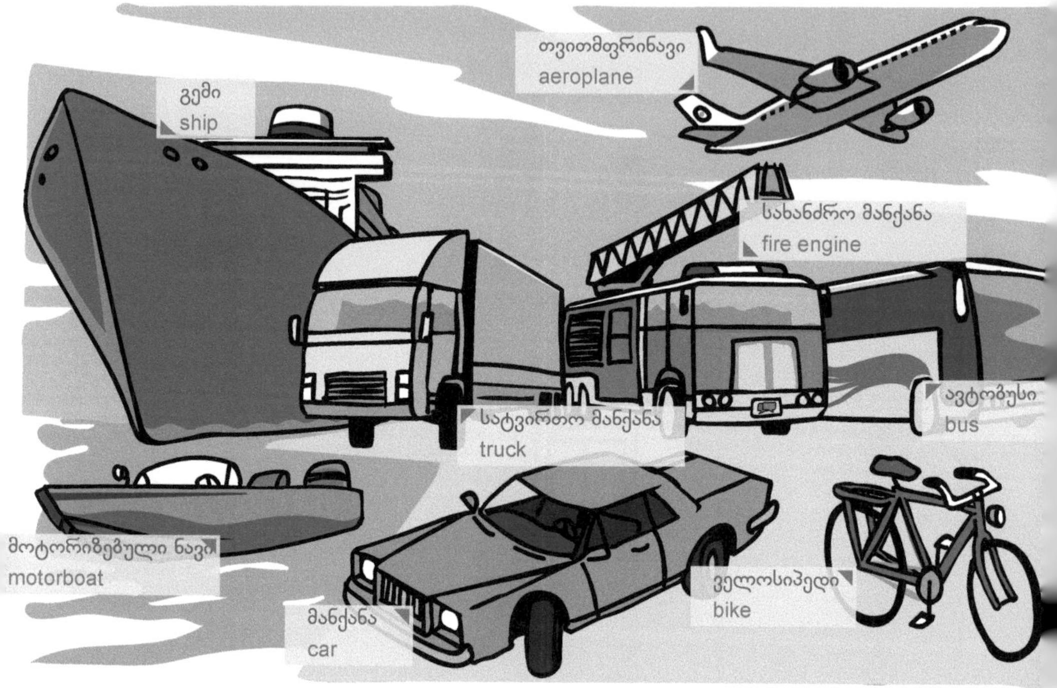

ბორანი

ferry

ნავი

boat

მოტოციკლი

motorbike

პოლიციის მანქანა

police car

სარბოლო მანქანა

racing car

დაქირავებული მანქანა

rental car

მანქანის ერთობლივი მოხმარება

....

car sharing

საბუქსირე მანქანა

....

breakdown truck

ნაგვის მანქანა

....

refuse truck

ძრავა

....

motor

საწვავი

....

fuel

ბენზინგასამართი სადგური

....

petrol station

საგზაო ნიშანი

....

traffic sign

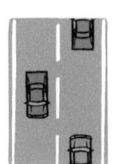

მოძრაობა

....

traffic

საცობი

....

traffic jam

მანქანის სადგომი

....

car park

მატარებლის სადგური

....

train station

ლიანდაგები

....

tracks

მატარებელი

....

train

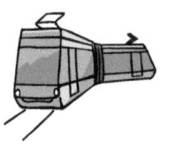

ტრამვაი

....

tram

ვაგონი

....

carriage

ვერტმფრენი

helicopter

აეროპორტი

airport

კოშკი

tower

მგზავრი

passenger

კონტეინერი

container

მუყაოს ყუთი

carton

ურიკა

cart

კალათა

basket

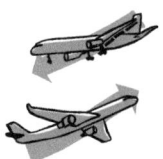

აფრენა / დაშვება

take off / land

ქალაქი

city

სოფელი

village

ქალაქის ცენტრი

city centre

სახლი

house

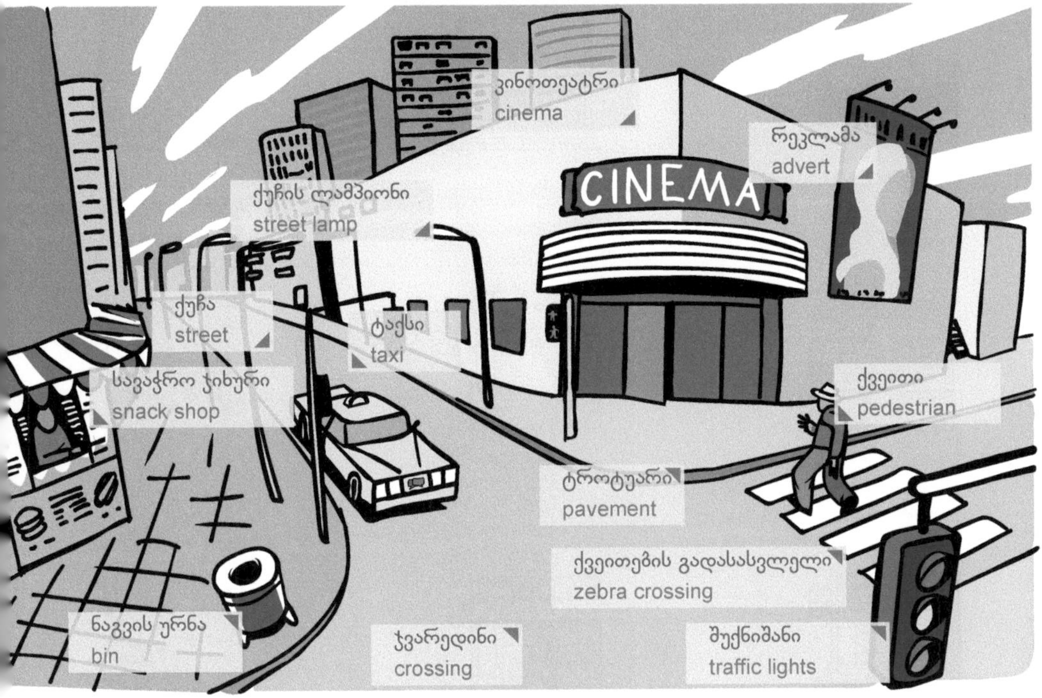

კინოთეატრი
cinema
CINEMA
რეკლამა
advert
ქუჩის ლამპიონი
street lamp
ქუჩა
street
ტაქსი
taxi
სავაჭრო ჯიხური
snack shop
ქვეითი
pedestrian
ტროტუარი
pavement
ქვეითების გადასასვლელი
zebra crossing
ნაგვის ურნა
bin
ჯვარედინი
crossing
შუქნიშანი
traffic lights

ქოხი

hut

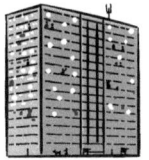

ბინა

flat

მატარებლის სადგური

train station

მუნიციპალიტეტი

town hall

მუზეუმი

museum

სკოლა

school

უნივერსიტეტი

university

ბანკი

bank

საავადმყოფო

hospital

სასტუმრო

hotel

აფთიაქი

pharmacy

ოფისი

office

წიგნების მაღაზია

book shop

მაღაზია

shop

ფლორისტი

florist's

სუპერმარკეტი

supermarket

ბაზარი

market

მაღაზიის განყოფილება

department store

თევზის გამყიდველი

fishmonger's

სავაჭრო ცენტრი

shopping centre

ნავსადგომი

harbour

პარკი

park

გრძელი სკამი

bench

ხიდი

bridge

კიბეები

stairs

მიწისქვეშა გადასასვლელი

underground

გვირაბი

tunnel

ავტობუსის გაჩერება

bus stop

ბარი

bar

რესტორანი

restaurant

საფოსტო ყუთი

postbox

ქუჩის ნიშანი

street sign

პარკინგის საზომი

parking meter

ზოოპარკი

zoo

საცურაო აუზი

swimming pool

მეჩეთი

mosque

ფერმა

farm

გარემოს დაბინძურება

pollution

სასაფლაო

graveyard

ეკლესია

church

საბავშვო მოედანი

playground

ტაძარი

temple

ლანდშაფტი

landscape

ფოთოლი
leaf
გზის მანიშნებელი ნიშანი
signpost
გზა
way
მდელო
meadow
ქვა
stone
მოგზაური
hiker
ხე
tree
მდინარე
river
ბალახი
grass
ყვავილი
flower

ხეობა
valley

გორაკი
hill

ტბა
lake

ტყე
forest

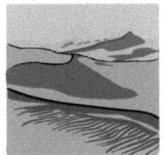

უდაბნო
desert

ვულკანი
volcano

ციხე
castle

ცისარტყელა
rainbow

სოკო
mushroom

პალმა
palm tree

კოღო
mosquito

ბუზი
fly

ჭიანჭველა
ant

ფუტკარი
bee

ობობა
spider

ხოჭო

beetle

ბაყაყი

frog

ციყვი

squirrel

ზღარბი

hedgehog

კურდღელი

hare

ბუ

owl

ფრინველი

bird

გედი

swan

ტახი

boar

ირემი

deer

ცხენ-ირემი

moose

კაშხალი

dam

ქარის ტურბინა

wind turbine

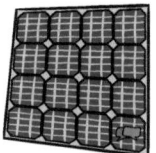

მზის ბატარეა

solar panel

კლიმატი

climate

რესტორანი
restaurant

მიმტანი
waiter
მენიუ
menu
სკამი
chair
სუპი
soup
პიცა
pizza
დანა-ჩანგალი
cutlery
მაგიდაზე გადასაფარებელი
tablecloth

საუზმე

starter

მთავარი კერძი

main course

დესერტი

dessert

დასალევი

drinks

საჭმელი

food

ბოთლი

bottle

სწრაფი კვება

fast food

ქუჩის საჭმელი

street food

ჩაიდანი

teapot

საშაქრე

sugar bowl

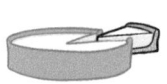

პორცია

portion

ესპრესოს მანქანა

espresso machine

მაღალი სკამი

high chair

ანგარიში

bill

ლანგარი

tray

დანა

knife

ჩანგალი

fork

კოვზი

spoon

ჩაის კოვზი

teaspoon

ხელსახოცი

serviette

ჭიქა

glass

თეფში
plate

სუპის თეფში
soup plate

ჩაის ლამბაქი
saucer

საწებელი
sauce

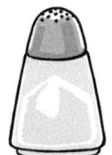

სამარილე
salt pot

წიწაკის საფქვავი
pepper mill

ძმარი
vinegar

ზეთი
oil

სანელებლები
spices

კეტჩუპი
ketchup

მდოგვი
mustard

მაიონეზი
mayonnaise

სუპერმარკეტი

supermarket

სპეციალური შეთავაზება
special offer
მომხმარებელი
customer
FOR
რძის ნაწარმი
dairy
ხილი
fruit
ურიკა
trolley

საყასბო

butcher´s

საცხობი

baker´s

აწონვა

weigh

ბოსტნეული

vegetables

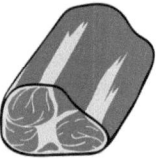

ხორცი

meat

გაყინული საკვები

frozen food

გრილი ხორცი

cold meat

კონსერვები

tinned food

სარეცხი ფხვნილი

washing powder

ტკბილეული

sweets

საყოფაცხოვრებო
პროდუქტები

household products

სარეცხი საშუალებები

cleaning products

გამყიდველი

salesperson

სალარო

till

მოლარე

cashier

საყიდლების სია

shopping list

მუშაობის საათები

opening hours

პორტმანი

wallet

საკრედიტო ბარათი

credit card

ჩანთა

bag

პლასტიკური პარკი

plastic bag

დასალევი
drinks

წყალი

water

წვენი

juice

რძე

milk

კოკა-კოლა

coke

ღვინო

wine

ლუდი

beer

ალკოჰოლი

alcohol

კაკაო

cocoa

ჩაი

tea

ყავა

coffee

ესპრესო

espresso

კაპუჩინო

cappuccino

ბანანი

....

banana

ვაშლი

....

apple

ფორთოხალი

....

orange

საზამთრო

....

melon

ლიმონი

....

lemon

სტაფილო

....

carrot

ნიორი

....

garlic

ბამბუკი

....

bamboo

ხახვი

....

onion

სოკო

....

mushroom

კაკალი

....

nuts

ატრია

....

noodles

სპაგეტი

spaghetti

ბრინჯი

rice

სალათი

salad

ჩიპსები

chips

შემწვარი კარტოფილი

fried potatoes

პიცა

pizza

ჰამბურგერი

hamburger

სენდვიჩი

sandwich

კოტლეტი

cutlet

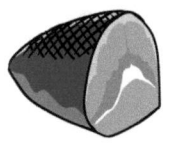

ლორი

ham

სალიამი

salami

ძეხვი

sausage

წიწილა

chicken

შემწვარი ხორცი

roast

თევზი

fish

შვრიის ფაფა

porridge oats

მუსლი

muesli

სიმინდის ფანტელები

cornflakes

ფქვილი

flour

კრუასანი

croissant

ბულკი

bread roll

პური

bread

ტოსტი

toast

ნამცხვრები

biscuits

კარაქი

butter

ხაჭო

curd

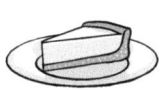

ტორტი

cake

კვერცხი

egg

ერბო-კვერცხი

fried egg

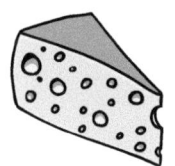

ყველი

cheese

ნაყინი

ice cream

შაქარი

sugar

თაფლი

honey

ჯემი

jam

შოკოლადის კრემი

chocolate spread

კარი

curry

საჭმელი - food

farm

ფერმა

farm

სოფლის სახლი
farmhouse
თავლა
barn
ჩალის შეკვრა
straw bale
ყანა
field
ცხენი
horse
მისაბმელი
trailer
ტრაქტორი
tractor
კვიცი
foal
ვირი
donkey
ცხვარი
sheep
ცხვარი
lamb

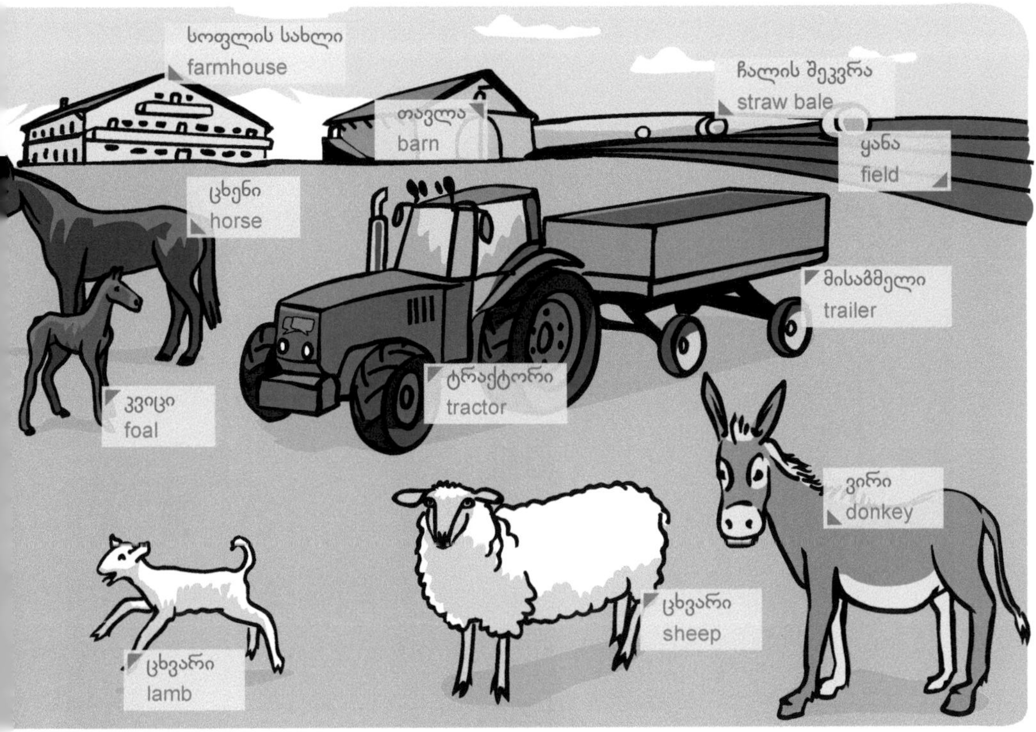

თხა
goat

ძროხა
cow

ხბო
calf

ღორი
pig

გოჭი
piglet

ხარი
bull

ბატი

goose

იხვი

duck

წიწილა

chick

ქათამი

hen

მამალი

cock

ვირთხა

rat

კატა

cat

თაგვი

mouse

ხარი

ox

ძაღლი

dog

საძაღლე

doghouse

ბაღის შლანგი

garden hose

საბაღე წურწურა

watering can

ცელი

scythe

გუთანი

plough

ნამგალი

sickle

თოხი

hoe

პატივის სახვეტი ჩანგალი

pitchfork

ცული

axe

მაზიდი

wheelbarrow

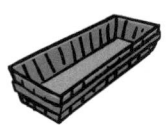

გობი

trough

რძის ბიდონი

milk can

ტომარა

sack

ღობე

fence

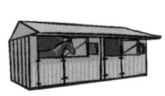

ბოსელი

stable

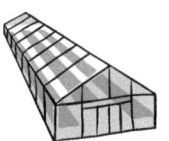

სათბური

greenhouse

ნიადაგი

soil

თესლი

seed

სასუქი

fertilizer

მოსავლის ამღები კომბაინი

combine harvester

მოსავლის აღება

harvest

მოსავალი

harvest

იამი

yams

ხორბალი

wheat

სოიო

soy

კარტოფილი

potato

სიმინდი

corn

სარეველას თესლი

rapeseed

ხეხილი

fruit tree

მანიოკი

cassava

მარცვლეული

cereals

ფერმა - farm

სახლი

house

ბუხარი
chimney
სახურავი
roof
წყალსადინარი მილი
drainpipe
ფანჯარა
window
ავტოფარეხი
garage
კარის ზარი
doorbell
კარი
door
ნაგვის ყუთი
rubbish bin
საფოსტო ყუთი
letterbox
ბაღი
garden

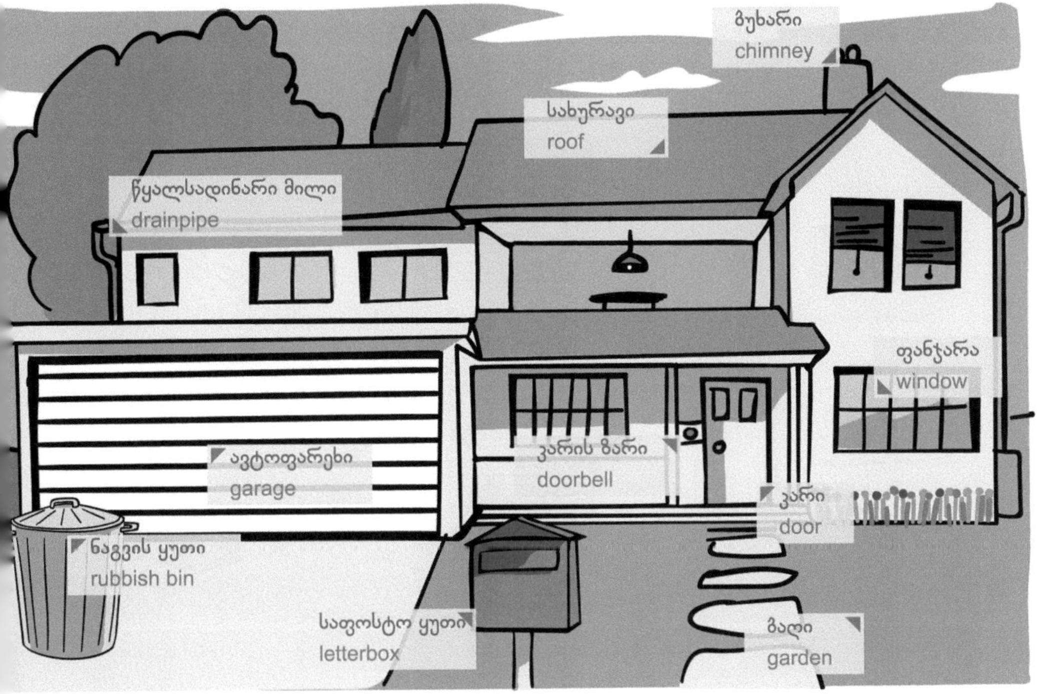

მისაღები ოთახი

....

living room

აბაზანა

....

bathroom

სამზარეულო

....

kitchen

საძინებელი

....

bedroom

საბავშვო ოთახი

....

child's room

სასადილო ოთახი

....

dining room

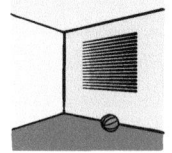

სართული

floor

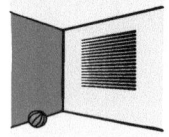

კედელი

wall

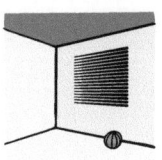

ჭერი

ceiling

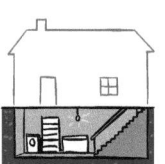

სარდაფი

cellar

საუნა

sauna

აივანი

balcony

ტერასა

terrace

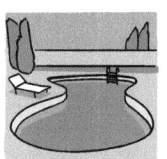

აუზი

pool

გაზონის საკრეჭი

lawn mower

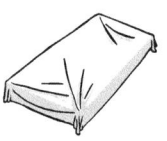

საბნის კონვერტი

sheet

საწოლი

bedspread

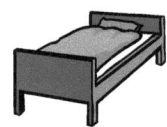

ლოგინი

bed

ცოცხი

broom

სათლი

bucket

გადამრთველი

switch

მისაღები ოთახი
living room

შპალერი
wallpaper
ნახატი
picture
ნათურა
lamp
თარო
shelf
კარადა
cupboard
ტელევიზორი
television
ბუხარი
fireplace
ყვავილი
flower
ბალიში
cushion
დივანი
sofa
ვაზა
vase
დისტანციური მართვა
remote control

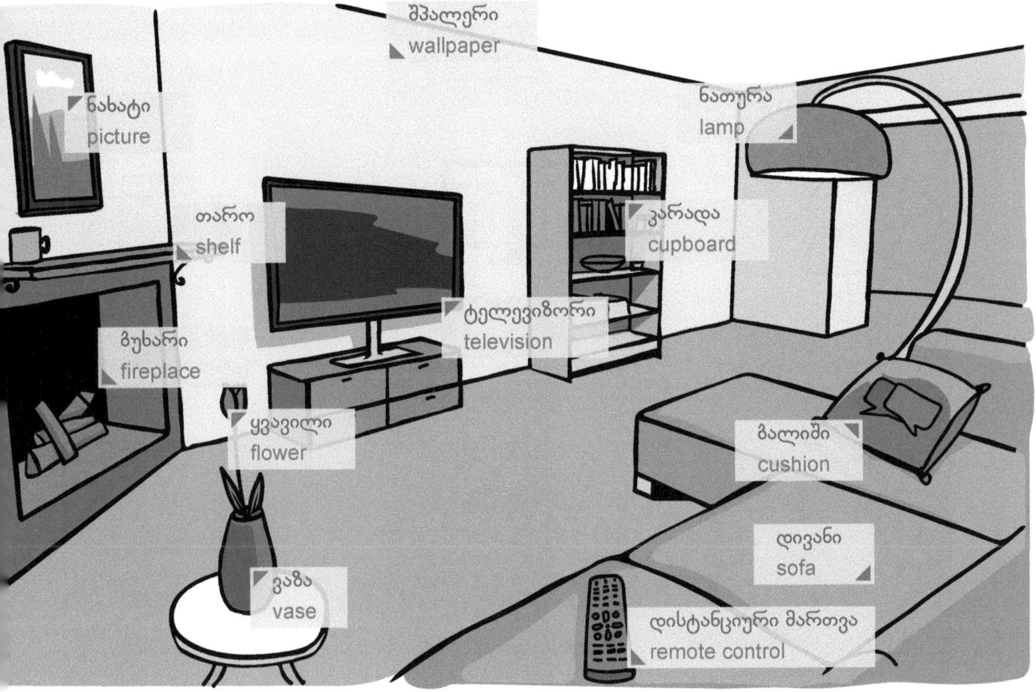

ხალიჩა

carpet

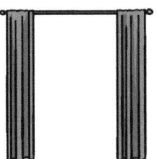

ფარდა

curtain

მაგიდა

table

სკამი

chair

სარწეველა სკამი

rocking chair

სავარძელი

armchair

წიგნი
book

საბანი
blanket

დეკორაცია
decoration

შეშა
firewood

ფილმი
film

hi-fi მოწყობილობები
hi-fi equipment

გასაღები
key

გაზეთი
newspaper

ფერწერა
painting

პლაკატი
poster

რადიო
radio

ბლოკნოტი
notepad

მტვერსასრუტი
hoover

კაქტუსი
cactus

სანთელი
candle

სამზარეულო
kitchen

მაცივარი
fridge
მიკრო-ტალღური ღუმელი
microwave oven
სამზარეულოს სასწორი
ტოსტერი
toaster
სარეცხი საშუალება
detergent
ღუმელი
oven
საყინულე
freezer
ნაგვის ყუთი
rubbish bin
ჭურჭლის სარეცხი მანქანა
dishwasher

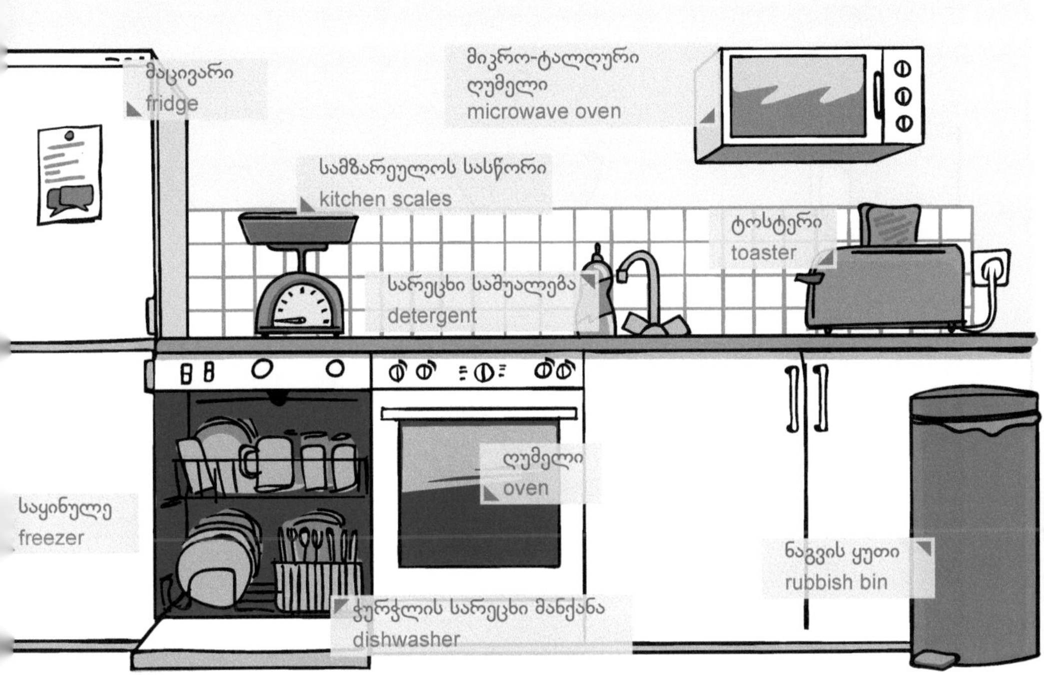

გაზქურა
cooker

ქოთანი
pot

თუჯის ქვაბი
cast-iron pot

ტაფა ამობერილი ფსკერით
wok / kadai

ტაფა
pan

ჩაიდანი
kettle

ორთქლსახარში

steamer

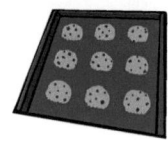

საცხობი ლანგარი

baking tray

ქურჭელი

crockery

კათხა

mug

თასი

bowl

ჩინური ჩხირები

chopsticks

ჩამჩა

ladle

ფითხი

spatula

სათქვეფელა

whisk

საწური

strainer

საცერი

sieve

სახეხი

grater

სანაყი

mortar

გრილი

barbecue

კოცონი

open fire

დაფა

chopping board

საგორავი

rolling pin

ბურღი

corkscrew

ქილა

can

ქილის გასახსნელი

can opener

ქოთნის დამჭერი

pot holder

ნიჟარა

sink

ფუნჯი

brush

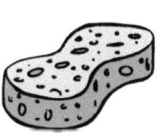

ღრუბელი

sponge

ბლენდერი

blender

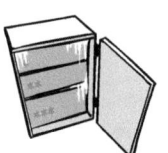

საყინულე კამერა

deep freezer

საბავშვო ბოთლი

baby bottle

ონკანი

tap

აბაზანა
bathroom

გათბობა
heating
პირსახოცი
towel
შხაპი
shower
საშხაპე ფარდა
shower curtain
ღრუბლიანი აბანო
bubble bath
ვანა
bathtub
ჭიქა
glass
სარეცხი მანქანა
washing machine
ონკანი
tap
ფილები
tiles
ღამის ქოთანი
potty
ნიჟარა
sink

ტუალეტი
toilet

იატაკის ტუალეტი
squat toilet

ბიდე
bidet

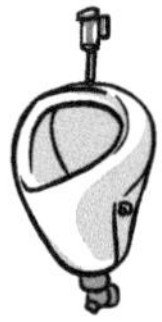

კედლის პისუარი
urinal

ტუალეტის ქაღალდი
toilet paper

ტუალეტის ჯაგრისი
toilet brush

კბილის ჯაგრისი

toothbrush

კბილის პასტა

toothpaste

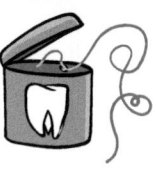

კბილის ძაფი

dental floss

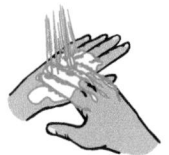

რეცხვა

wash

ხელის შხაპი

handheld shower

ინტიმური შხაპი

douche

ტაშტი

basin

ზურგის სახეხი ფუნჯი

back brush

საპონი

soap

შხაპის გელი

shower gel

შამპუნი

shampoo

ნეჭა

flannel

სანიაღვრე

drain

კრემი

cream

დეოდორანტი

deodorant

სარკე

mirror

ხელის სარკე

hand mirror

ბრიტვა

razor

საპარსი ქაფი

shaving foam

საშუალება გაპარსვის შემდეგ

aftershave

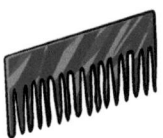

სავარცხელი

comb

ჯაგრისი

brush

თმის საშრობი

hair dryer

თმის ლაქი

hairspray

კოსმეტიკა

makeup

ტუჩების პომადა

lipstick

ფრჩხილის ლაქი

nail varnish

ბამბა

cotton wool

ფრჩხილის მაკრატელი

nail scissors

სუნამო

perfume

კოსმეტიკის ჩანთა

washbag

ტაბურეტი

stool

სასწორი

weighing scale

სააბაზანო ხალათი

bathrobe

რეზინის ხელთათმანები

rubber gloves

ტამპონი

tampon

ანიტარული პირსახოცი

sanitary towel

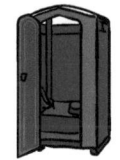

ბიო-ტუალეტი

chemical toilet

საბავშვო ოთახი
child's room

მაღვიძარა
alarm clock
რბილი სათამაშო
cuddly toy
სათამაშო მანქანა
toy car
ჩხარუნა სათამაშო
rattle
თოჯინების სახლი
doll's house
საჩუქარი
present

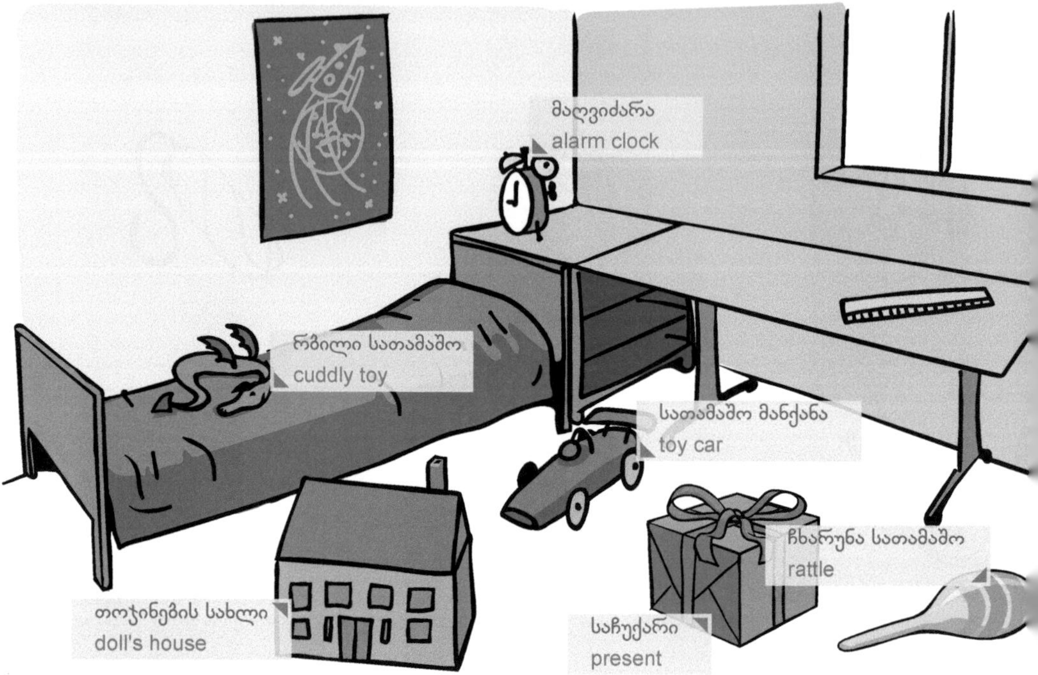

ბუშტი

balloon

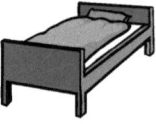

ლოგინი

bed

საბავშვო ეტლი

pram

კარტის თამაში

deck of cards

პაზლი

jigsaw

კომიკსი

comic

ლეგოს აგურები

lego bricks

ასაშენებელი კუბიკები

building blocks

სათამაშო ფიგურა

action figure

საცოცავი

babygrow

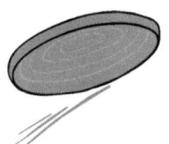

ფრისბი

frisbee

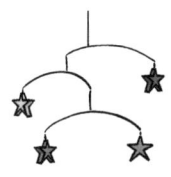

მობილე

mobile

სამაგიდო თამაში

board game

კამათელი

dice

რკინიგზის მოდელი

model train set

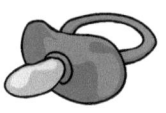

საწოვარა

dummy

წვეულება

party

წიგნი ნახატებით

picture book

ბურთი

ball

თოჯინა

doll

თამაში

play

საქვიშარი

sandpit

საქანელა

swing

სათამაშოები

toys

ვიდეო თამაშის კონსოლი

video game console

სამთვლიანი ველოსიპედი

tricycle

დათუნია

teddy bear

გარდეროში

wardrobe

ტანსაცმელი
clothing

წინდები

socks

ჩულქები

stockings

კოლგოტები

tights

შარფი
scarf

ქოლგა
umbrella

მკლავებიანი მაისური
t-shirt

ქამარი
belt

ფეხსაცმელი
boots

ბოტასები
trainers

ჩუსტები
slippers

სანდლები

sandals

ფეხსაცმელი

shoes

რეზინის ჩექმები

rubber boots

ტრუსები

underpants

ბიუსჰალტერი

bra

მაისური

vest

სხეული

body

შარვალი

trousers

ჯინსი

jeans

ქვედაკაბა

skirt

ბლუზი

blouse

პერანგი

shirt

სვიტრი

pullover

კაპიუშონიანი ჟაკეტი

hoodie

სპორტული ქურთუკი

blazer

ჟაკეტი

jacket

პალტო

coat

საწვიმარი

raincoat

კოსტუმი

costume

კაბა

dress

საქორწილო კაბა

wedding dress

კაცის კოსტიუმი

suit

ღამის პერანგი

nightgown

პიჟამოები

pyjamas

სარი

sari

თავშალი

headscarf

ტურბანი

turban

ჩადრი

burqa

ხიფთანი

kaftan

აბაია

abaya

საცურაო კოსტუმი

swimsuit

ჩემოდნები

trunks

შორტები

shorts

სპორტული კოსტიუმი

tracksuit

წინსაფარი

apron

ხელთათმანები

gloves

ღილი

button

სათვალეები

glasses

სამაჯური

bracelet

ყელსაბამი

necklace

ბეჭედი

ring

საყურე

earring

კეპი

cap

საკიდი

coat hanger

ქუდი

hat

ჰალსტუხი

tie

ელვა-შესაკრავის შეკვრა

zip

ჩაფხუტი

helmet

აჭიმი

braces

სკოლის ფორმა

school uniform

ფორმა

uniform

გავშვის წინსაფარი

bib

საწოვარა

dummy

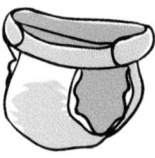

პამპერსი

nappy

ოფისი
office

სერვერი
server
საკანცელარიო კარადა
filing cabinet
პრინტერი
printer
ქაღალდი
paper
მონიტორი
monitor
თაგვი
mouse
მაგიდა
desk
საქაღალდე
folder
კლავიატურა
keyboard
თა ნარჩენი ქაღალდებისათვის
-paper basket
სკამი
chair
კომპიუტერი
computer

ყავის ფინჯანი

coffee mug

კალკულატორი

calculator

ინტერნეტი

internet

ლეპტოპი

laptop

წერილი

letter

მესიჯი

message

მობილური ტელეფონი

mobile

ქსელი

network

სკანერი

photocopier

პროგრამული
უზრუნველყოფა

software

ტელეფონი

telephone

როზეტი

plug socket

ფაქსის მანქანა

fax machine

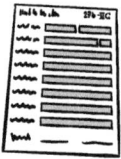

ფორმულარი

form

დოკუმენტი

document

ყიდვა

buy

გადახდა

pay

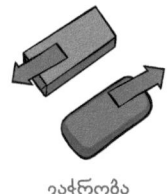

ვაჭრობა

trade

ფული

money

დოლარი

dollar

ევრო

euro

იენი

yen

რუბლი

rouble

შვეიცარული ფრანკი

Swiss franc

ჟენმინბი იუანი

renminbi yuan

რუპი

rupee

ბანკომატი

cashpoint

ვალუტის გადაცვლის პუნქტი

bureau de change

ოქრო

gold

ვერცხლი

silver

ნავთობი

oil

ენერგია

energy

ფასი

price

ხელშეკრულება

contract

გადასახადი

tax

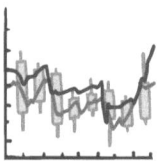

აქცია

stock

მუშაობა

work

თანამშრომელი

employee

დამსაქმებელი

employer

ქარხანა

factory

მაღაზია

shop

პროფესიები

occupations

პოლიციის ოფიცერი
police officer
მეხანძრე
fireman
მზარეული
cook
ექიმი
doctor
მფრინავი
pilot

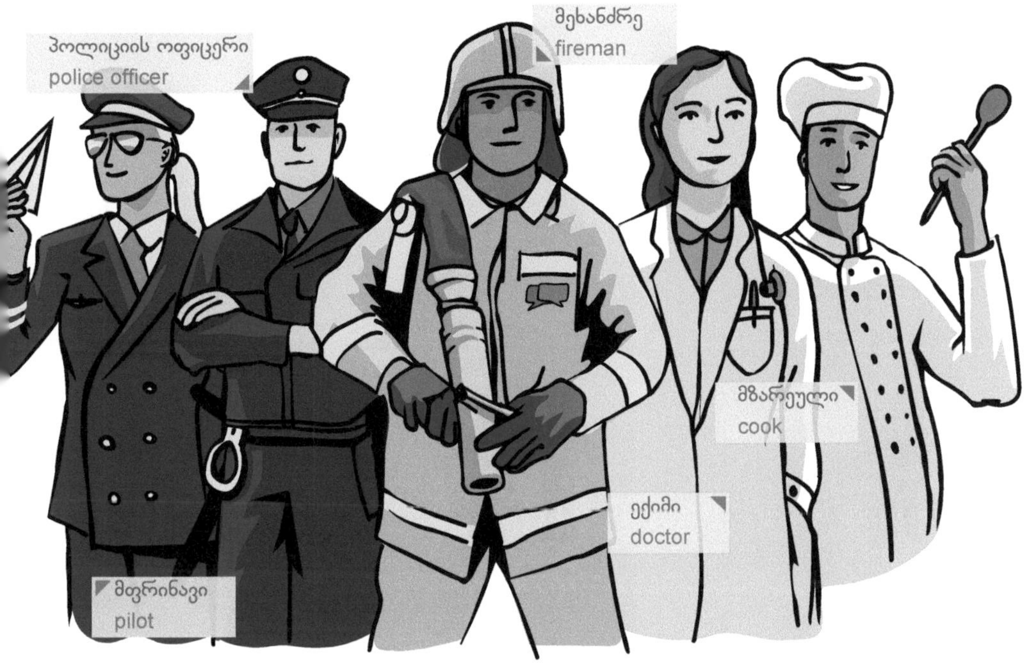

მებაღე

gardener

დურგალი

carpenter

თეთრეულის მკერავი ქალბატონი

seamstress

მოსამართლე

judge

ქიმიკოსი

chemist

მსახიობი

actor

ავტობუსის მძღოლი

bus driver

ტაქსის მძღოლი

taxi driver

მეთევზე

fisherman

დამლაგებელი ქალბატონი

cleaning lady

სახურავის ოსტატი

roofer

მიმტანი

waiter

მონადირე

hunter

ფერმწერი

painter

მცხობელი

baker

ელექტრიკოსი

electrician

მშენებელი

builder

ინჟინერი

engineer

ყასაბი

butcher

სანტექნიკოსი

plumber

ფოსტალიონი

postman

ჯარისკაცი

soldier

არქიტექტორი

architect

მოლარე

cashier

ფლორისტი

florist

პარიკმახერი

hairdresser

კონდუქტორი

conductor

მექანიკოსი

mechanic

კაპიტანი

captain

სტომატოლოგი

dentist

მეცნიერი

scientist

რაბინი

rabbi

იმამი

imam

ბერი

monk

სასულიერო პირი

clergyman

იარაღები

tools

გრტყელტუჩა
pliers
ჩაქუჩი
hammer
სახრახნისი
screwdriver
ჯიბის სანათი
torch
ქანჩის გასაღები
spanner

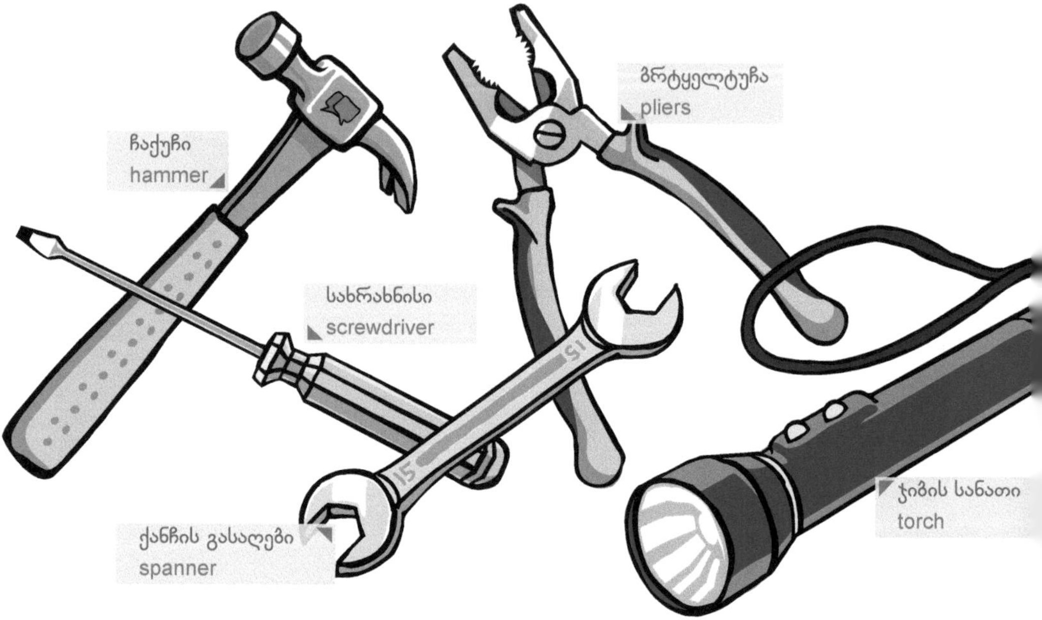

ექსკავატორი

digger

იარაღების ყუთი

toolbox

კიბე

ladder

ხერხი

saw

ლურსმები

nails

საბურღი

drill

შეკეთება
....
repair

ნიჩაბი
....
shovel

ანდაბა!
....
Damn!

აქანდაზი
....
dustpan

საღებავის ქოთანი
....
paint pot

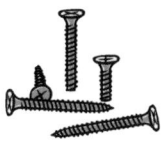

ხრახნები
....
screws

მუსიკალური ინსტრუმენტები
musical instruments

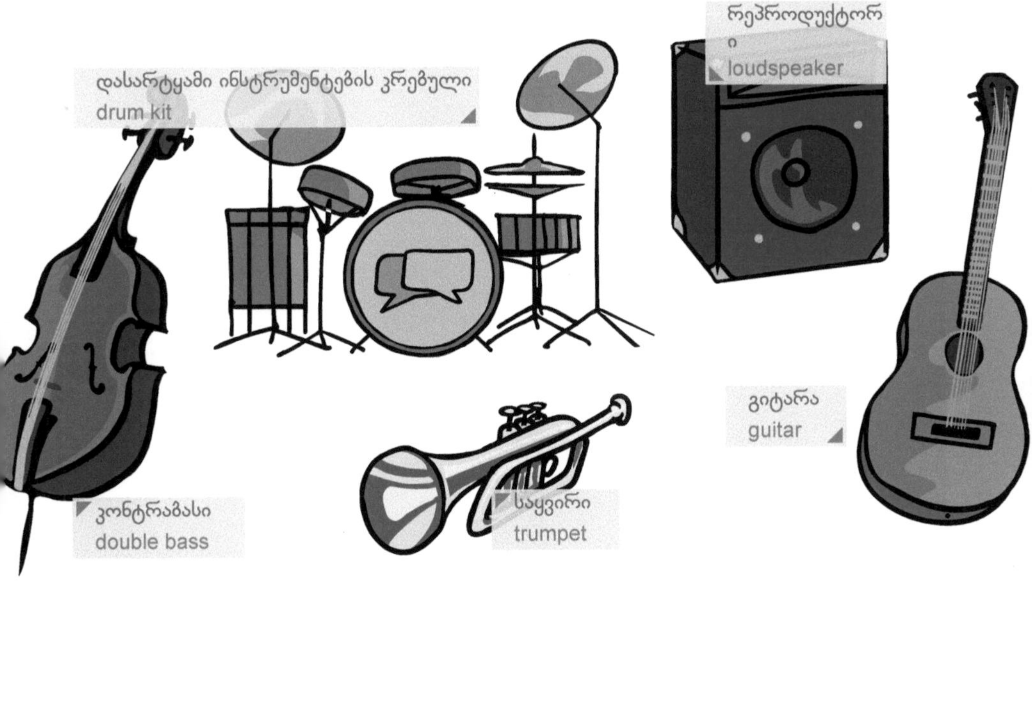

რეკორდუქტორი
loudspeaker

დასარტყამი ინსტრუმენტების კრებული
drum kit

გიტარა
guitar

კონტრაბასი
double bass

საყვირი
trumpet

ფორტეპიანო

piano

ვიოლინო

violin

ბასი

bass

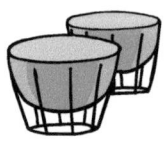

ტიმპანონი

timpani

დასარტყამები

drums

კლავიშები

keyboard

საქსოფონი

saxophone

ფლეიტა

flute

მიკროფონი

microphone

შესასვლელი
entrance
ვეფხვი
tiger
გალია
cage
ზებრა
zebra
ცხოველთა საკვები
animal feed
პანდა
panda

ცხოველები
animals

სპილო
elephant

კენგურუ
kangaroo

მარტორქა
rhino

გორილა
gorilla

დათვი
bear

აქლემი

camel

სირაქლემა

ostrich

ლომი

lion

მაიმუნი

monkey

ფლამინგო

flamingo

თუთიყუში

parrot

პოლარული დათვი

polar bear

პინგვინი

penguin

ზვიგენი

shark

ფარშევანგი

peacock

გველი

snake

ნიანგი

crocodile

ზოოპარკის მფლობელი

zookeeper

სელაპი

seal

იაგუარი

jaguar

პონი
pony

ლეოპარდი
leopard

ბეჰემოტი
hippo

ჟირაფი
giraffe

არწივი
eagle

ტახი
boar

თევზი
fish

კუ
turtle

მორჟი
walrus

მელა
fox

გაზელი
gazelle

სპორტი

sports

ამერიკული ფეხბურთი
American football
ველოსპორტი
cycling
ჩოგბურთი
tennis
კალათბურთი
basketball
ცურვა
swimming
ყინულის ჰოკეი
ice hockey
boxing

ფეხბურთი

football

ბადმინტონი

badminton

მძლეოსნობა

athletics

ხელბურთი

handball

სათხილამურო სპორტი

skiing

წყლის პოლო

polo

მოქმედებები
activities

დაცინვა
laugh
გადახტომა
jump
ჩახუტება
hug
სეირნობა
walk
სიმღერა
sing
ოცნებობა
dream
ლოცვა
pray
კოცნა
kiss

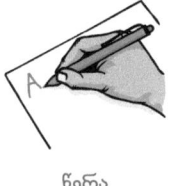

წერა

write

დახატვა

draw

ჩვენება

show

დაჭერა

push

მიცემა

give

აღება

take

ქონა

have

კეთება

do

ყოფნა

be

დგომა

stand

გარბენა

run

მოქაჩვა

pull

გადაყრა

throw

დაცემა

fall

ტყუილის თქმა

lie

მოცდენა

wait

ტარება

carry

ჯდომა

sit

ჩაცმა

get dressed

ძილი

sleep

გაღვიძება

wake up

დათვალიერება
look at

ტირილი
cry

გაუთოება
stroke

დავარცხნა
comb

ლაპარაკი
talk

გაგება
understand

შეკითხვა
ask

მოსმენა
listen

დალევა
drink

ჭამა
eat

დალაგება
tidy up

ყვარება
love

კერძების მზადება
cook

სვლა
drive

ფრენა
fly

აფრის ქვეშ სიარული

sail

გამოთვლა

calculate

წაკითხვა

read

შესწავლა

learn

მუშაობა

work

ქორწინება

marry

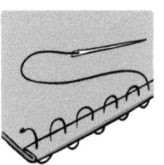

კერვა

sew

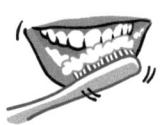

კბილების ხეხვა

brush teeth

მოკვლა

kill

მოწევა

smoke

გაგზავნა

send

ბებია
grandmother

ბაბუა
grandfather

მამა
father

დედა
mother

ბავშვი
baby

ქალიშვილი
daughter

ვაჟიშვილი
son

სტუმარი
guest

დეიდა
aunt

ბიძა
uncle

ძმა
brother

და
sister

სხეული

body

შუბლი
forehead
თვალი
eye
მხარი
shoulder
თითი
finger
სახე
face
ნიკაპი
chin
ხელი
hand
მკერდი
breast
ფეხი
leg
მკლავი
arm

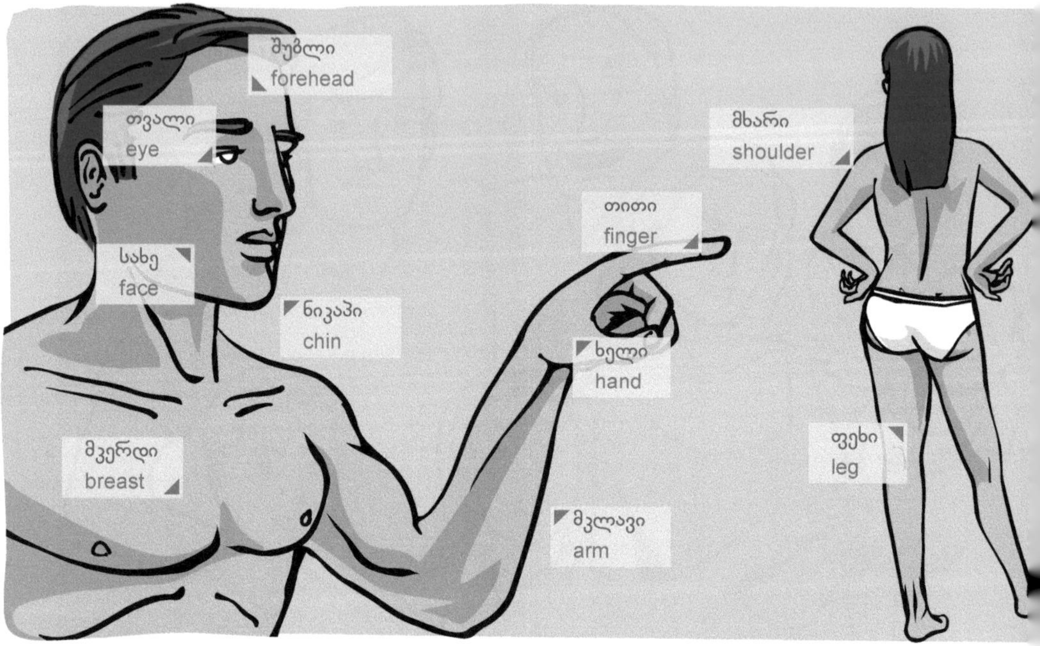

ბავშვი

baby

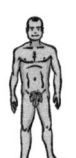

კაცი

man

ქალი

woman

გოგო

girl

ბიჭი

boy

თავი

head

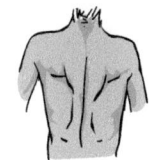

ზურგი

back

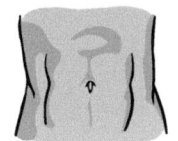

მუცელი

belly

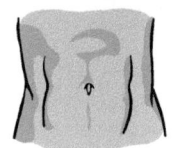

ჭიპი

belly button

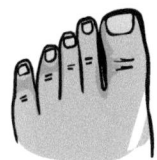

ფეხის თითი

toe

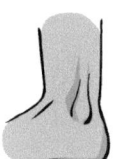

ქუსლი

heel

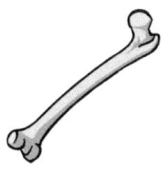

ძვალი

bone

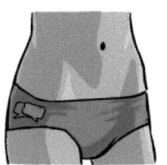

ბარძაყი

hip

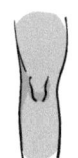

მუხლი

knee

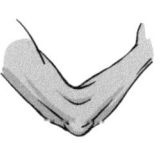

იდაყვი

elbow

ცხვირი

nose

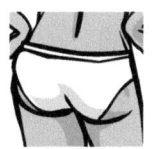

დუნდულა

bottom

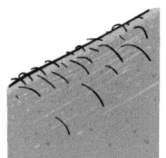

კანი

skin

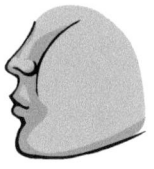

ლოყა

cheek

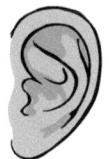

ყური

ear

ტუჩი

lip

პირი

mouth

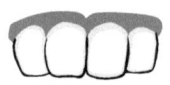

კბილი

tooth

ენა

tongue

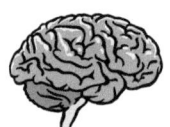

ტვინი

brain

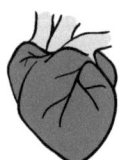

გული

heart

კუნთი

muscle

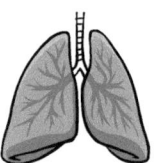

ფილტვი

lung

ღვიძლი

liver

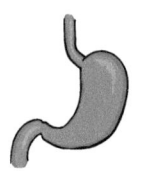

კუჭი

stomach

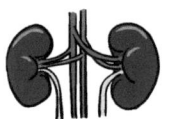

თირკმელები

kidneys

სექსი

sex

პრეზერვატივი

condom

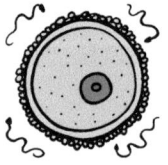

კვერცხუჯრედი

ovum

სპერმა

semen

ორსულობა

pregnancy

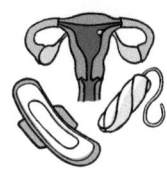

მენსტრუაცია

menstruation

საშო

vagina

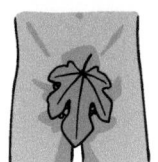

პენისი

penis

წარბი

eyebrow

თმა

hair

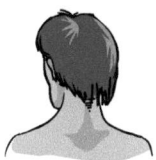

კისერი

neck

საავადმყოფო

hospital

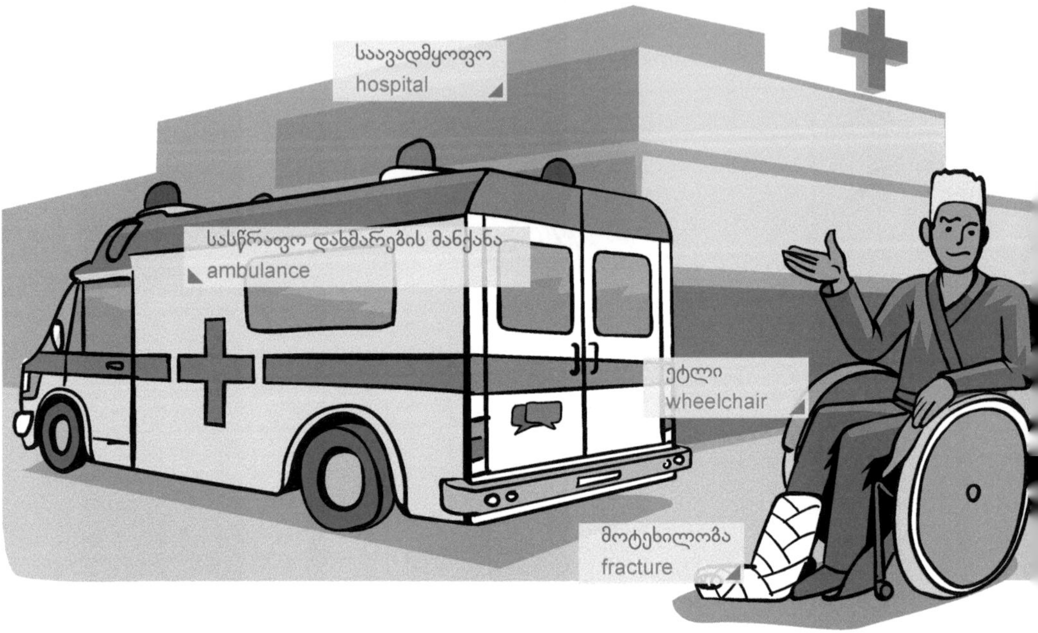

საავადმყოფო
hospital
სასწრაფო დახმარების მანქანა
ambulance
ეტლი
wheelchair
მოტეხილობა
fracture

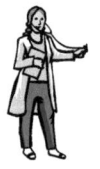

ექიმი

doctor

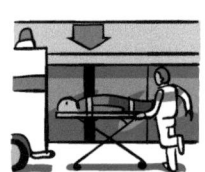

პირველი დახმარების ოთახი

emergency room

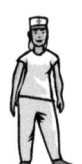

მედდა

nurse

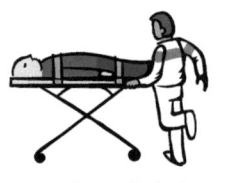

გადაუდებელი შემთხვევა

emergency

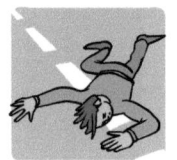

უგონოდ მყოფი

unconscious

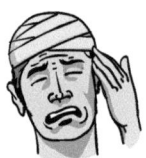

ტკივილი

pain

დაზიანება

injury

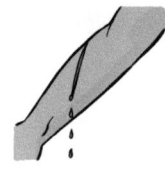

სისხლდენა

bleeding

გულის შეტევა

heart attack

ინსულტი

stroke

ალერგია

allergy

ხველა

cough

ცხელება

fever

გრიპი

flu

დიარეა

diarrhoea

თავის ტკივილი

headache

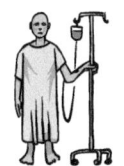

კიბო

cancer

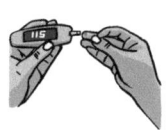

დიაბეტი

diabetes

ქირურგი

surgeon

სკალპელი

scalpel

ოპერაცია

operation

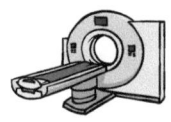

კტ

CT

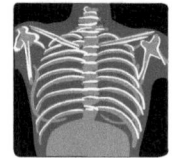

რენტგენი

x-ray

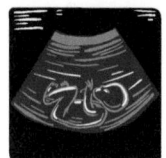

ულტრაბგერა

ultrasound

ნიღაბი

face mask

დაავადება

disease

მოსაცდელი ოთახი

waiting room

ყავარჯენი

crutch

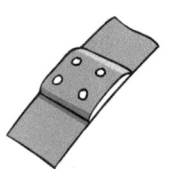

თაბაშირი

plaster

ბინტი

bandage

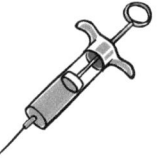

ინექცია

injection

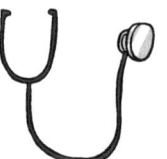

სტეტოსკოპი

stethoscope

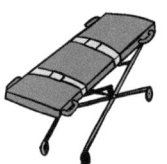

საკაცე

stretcher

თერმომეტრი

clinical thermometer

დაბადება

birth

ჭარბი წონა

overweight

სმენის აპარატი

hearing aid

სადეზინფექციო საშუალება

disinfectant

ინფექცია

infection

ვირუსი

virus

აივ / შიდსი

HIV / AIDS

წამალი

medicine

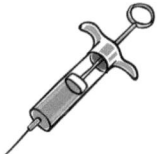

ვაქცინაცია

vaccination

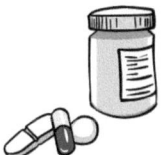

ტაბლეტები

tablets

აბი

pill

დაუდებელი გამოძახება

emergency call

წნევის საზომი აპარატი

blood pressure monitor

ავადმყოფი / ჯანმრთელი

ill / healthy

გადაუდებელი შემთხვევა

emergency

დამეხმარეთ!

Help!

განგაში

alarm

თავდასხმა

assault

შეტევა

attack

საფრთხე

danger

სათადარიგო გასასვლელი

emergency exit

ხანძარი!

Fire!

ცეცხლსაქრობი

fire extinguisher

უბედური შემთხვევა

accident

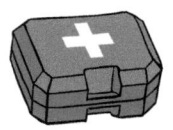

პირველადი დახმარების აფთიაქი

first-aid kit

SOS

SOS

პოლიცია

police

დედამიწა
Earth

ევროპა

Europe

ჩრდილოეთ ამერიკა

North America

სამხრეთ ამერიკა

South America

აფრიკა

Africa

აზია

Asia

ავსტრალია

Australia

ატლანტიკა

Atlantic

წყნარი ოკეანე

Pacific

ინდოეთის ოკეანე

Indian Ocean

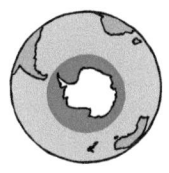

ანტარქტიკის ოკეანე

Antarctic Ocean

ჩრდილოეთის ყინულოვანი ოკეანე

Arctic Ocean

ჩრდილოეთ პოლუსი

North Pole

სამხრეთ პოლუსი

South Pole

ანტარქტიდა

Antarctica

დედამიწა

Earth

ხმელეთი

land

ზღვა

sea

კუნძული

island

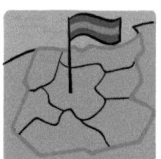

ერი

nation

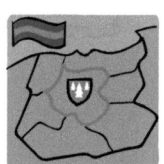

სახელმწიფო

state

საათი

clock

ციფერბლატი

clock face

საათების ისარი

hour hand

წუთების ისარი

minute hand

წამების ისარი

second hand

რომელი საათია?

What time is it?

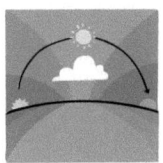

დღე

day

დრო

time

ახლა

now

ციფრული საათი

digital watch

წუთი

minute

საათი

hour

კვირა
week

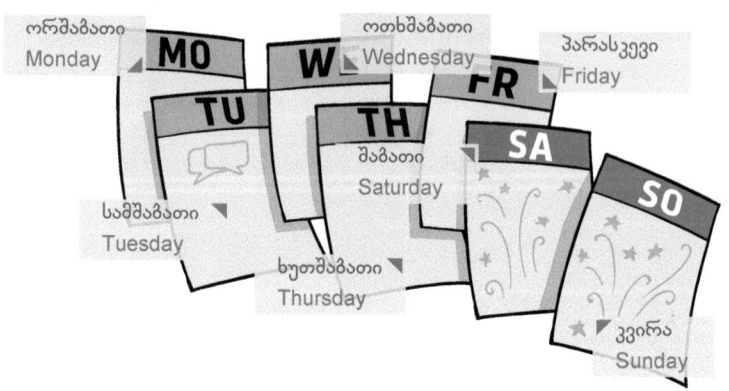

MO
TU
W
TH
FR
SA
ორშაბათი
Monday
სამშაბათი
Tuesday
ოთხშაბათი
Wednesday
ხუთშაბათი
Thursday
პარასკევი
Friday
შაბათი
Saturday
კვირა
Sunday

TUE
MON

გუშინ

yesterday

TUE

დღეს

today

TUE

ხვალ

tomorrow

დილა

morning

შუადღე

noon

საღამო

evening

MO	TU	WE	TH	FR	SA	SU
1	2	3	4	5	6	7
8	9	10	11	12	13	14
15	16	17	18	19	20	21
22	23	24	25	26	27	28
29	30	31	1	2	3	4

სამუშაო დღეები

business days

MO	TU	WE	TH	FR	SA	SU
1	2	3	4	5	6	7
8	9	10	11	12	13	14
15	16	17	18	19	20	21
22	23	24	25	26	27	28
29	30	31	1	2	3	4

შაბათი-კვირა

weekend

წვიმა
rain
ცისარტყელა
rainbow
ქარი
wind
თოვლი
snow
გაზაფხული
spring
ზაფხული
summer
შემოდგომა
autumn
ზამთარი
winter

4.APRIL 11°
5.APRIL 4°
6.APRIL 13°
7.APRIL 8°
8.APRIL 10°

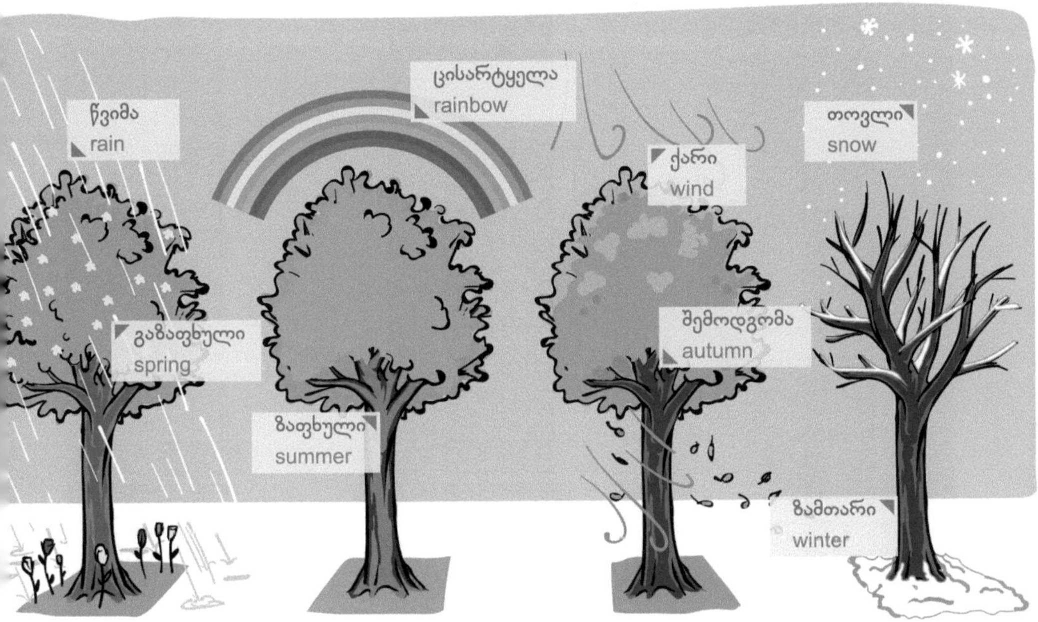

ამინდის პროგნოზი
weather forecast

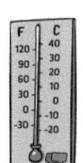

თერმომეტრი
thermometer

მზის სხივი
sunshine

ღრუბელი
cloud

ნისლი
fog

ტენიანობა
humidity

ელვა

lightning

ქუხილი

thunder

შტორმი

storm

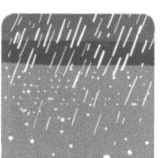

სეტყვა

hail

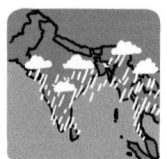

მუსონი

monsoon

წყალდიდობა

flood

ყინული

ice

იანვარი

January

თებერვალი

February

მარტი

March

აპრილი

April

მაისი

May

ივნისი

June

ივლისი

July

აგვისტო

August

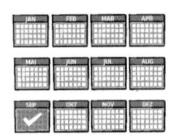

სექტემბერი

September

ოქტომბერი

October

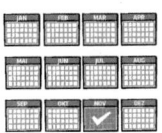

ნოემბერი

November

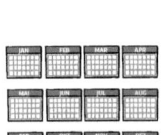

დეკემბერი

December

ფორმები

shapes

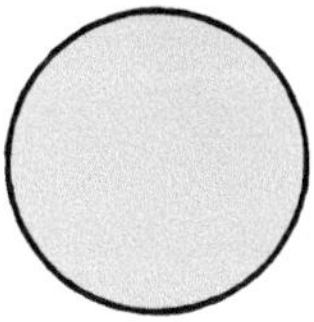

წრე

circle

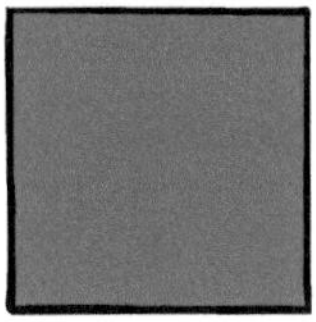

კვადრატი

square

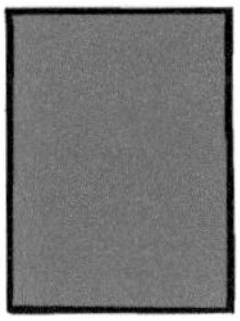

მართკუთხედი

rectangle

სამკუთხედი

triangle

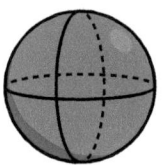

სფერო

sphere

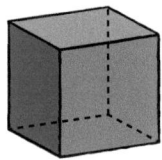

კუბი

cube

ფერები
colours

თეთრი

white

ყვითელი

yellow

ნარინჯისფერი

orange

ვარდისფერი

pink

წითელი

red

იისფერი

purple

ცისფერი

blue

მწვანე

green

ყავისფერი

brown

ნაცრისფერი

grey

შავი

black

ბევრი / ცოტა

a lot / a little

გაბრაზებული / მშვიდი

angry / calm

ლამაზი / მახინჯი

beautiful / ugly

დასაწყისი / დასასრული

beginning / end

დიდი / პატარა

big / small

ნათელი / მუქი

bright / dark

ძმა / და

brother / sister

სუფთა / ჭუჭყიანი

clean / dirty

სრული / არასრული

complete / incomplete

დღე / ღამე

day / night

მკვდარი / ცოცხალი

dead / alive

განიერი / ვიწრო

wide / narrow

საჭმელად ვარგისი /
საჭმელად უვარგისი

edible / inedible

ბოროტი / კეთილი

evil / kind

შთამბეჭდავი / მოსაწყენი

excited / bored

სქელი / თხელი

fat / thin

პირველი / ბოლო

first / last

მეგობარი / მტერი

friend / enemy

სრული / ცარიელი

full / empty

მყარი / რბილი

hard / soft

მძიმე / მსუბუქი

heavy / light

მოშიებული / მწყურვალე

hunger / thirst

ავადმყოფი / ჯანმრთელი

ill / healthy

არალეგალური /
ლეგალური

illegal / legal

ინტელექტუალი / სულელი

intelligent / stupid

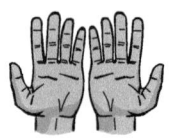

მარცხენა / მარჯვენა

left / right

ახლოს / შორს

near / far

ახალი / გამოყენებული

new / used

არაფერი / რაღაცა

nothing / something

მოხუცი / ახალგაზრდა

old / young

ჩართვა / გამორთვა

on / off

ღია / დახურული

open / closed

ჩუმი / ხმამაღალი

quiet / loud

მდიდარი / ღარიბი

rich / poor

მართალი / მტყვანი

right / wrong

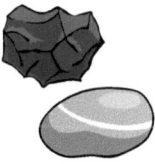

უხეში / გლუვი

rough / smooth

სევდიანი / ბედნიერი

sad / happy

მოკლე / გრძელი

short / long

ნელი / სწრაფი

slow / fast

სველი / მშრალი

wet / dry

თბილი / გრილი

warm / cool

ომი / მშვიდობა

war / peace

რიცხვები
numbers

0

ნული

zero

1

ერთი

one

2

ორი

two

3

სამი

three

4

ოთხი

four

5

ხუთი

five

6

ექვსი

six

7

შვიდი

seven

8

რვა

eight

9

ცხრა

nine

10

ათი

ten

11

თერთმეტი

eleven

12

თორმეტი

twelve

13

ცამეტი

thirteen

14

თოთხმეტი

fourteen

15

თხუთმეტი

fifteen

16

თექვსმეტი

sixteen

17

ჩვიდმეტი

seventeen

18

თვრამეტი

eighteen

19

ცხრამეტი

nineteen

20

ოცი

twenty

100

ასი

hundred

1.000

ათასი

thousand

1.000.000

მილიონი

million

ენები
languages

ინგლისური

English

ამერიკული ინგლისური

American English

ჩინური მანდარინი

Chinese Mandarin

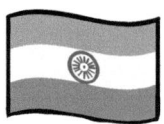

ჰინდი

Hindi

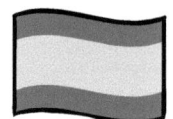

ესპანური

Spanish

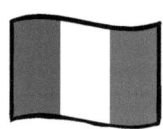

ფრანგული

French

არაბული

Arabic

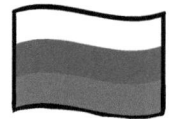

რუსული

Russian

პორტუგალიური

Portuguese

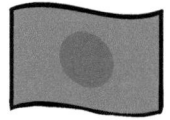

ბენგალური

Bengali

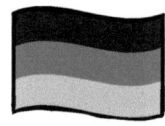

გერმანული

German

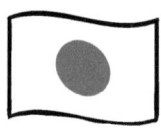

იაპონური

Japanese

ვინ / რა / როგორ

who / what / how

მე

I

შენ

you

ის / ის / იგი

he / she / it

ჩვენ

we

თქვენ

you

ისინი

they

ვინ?

who?

რა?

what?

როგორ?

how?

სად?

where?

როდის?

when?

სახელი

name

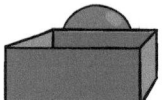

სად

where

უკან

behind

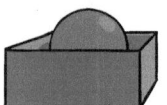

შიგნით

in

წინ

in front of

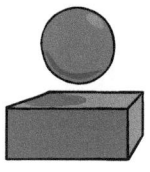

ზედ

over

=-ზე

on

ქვეშ

under

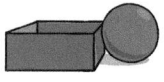

გვერდით

beside

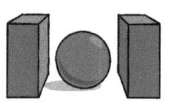

შორის

between

ადგილი

place